# LE VOYAGEUR

## CURIEUX

## ET SENTIMENTAL;

*OUVRAGE en deux parties*, contenant 1.º *le* Voyage de Chantilly et d'Erménonville ; 2.º *le* Voyage aux Isles Borromée.

Par le citoyen DAMIN.

---

*.....Forsan et hæc olim meminisse juvabit.*
( VIRGILE. )

---

A TOULOUSE,

DE l'Imprimerie de A.-D. MANAVIT fils,
Rue Saint-Rome.

AN VIII.

# VOYAGE

## AUX

## ISLES BORROMÉE.

---

## SECONDE PARTIE.

---

# AVANT-PROPOS.

## SUR LE LAC MAJEUR
## ET LES ISLES BORROMÉE.

LES Isles Borromée sont situées sur le Lac majeur, dans le golfe que forme l'embouchure de la *Tosa*, vers le 45.ᵉ degré 51 minutes de latitude, et le 26.ᵉ degré 10 minutes de longitude, du méridien de l'Isle de Fer. Près du bourg de *Palanza*, se trouve l'Islet, nommé Isle de St. Jean; dans le milieu s'éleve l'Isle-Mere ; puis, à un mille de distance, du côté de Stresa, vers le sud-ouest, on découvre l'Isle - Belle, derriere laquelle se cache l'Isle des Pêcheurs. Cette derniere est la moins agréable et la plus peuplée des quatre.

L'Isle-Belle et l'Isle-Mere, ( la premiere sur-tout ) sont celles qui attirent et fixent la curiosité des voyageurs. Leur

G

position au milieu d'un lac superbe, la douceur et la beauté du climat, où regne, pour ainsi dire, un printemps perpétuel; les beaux aspects qu'offrent de toutes parts les rives du lac et la pente des montagnes qui l'environnent; enfin le contraste admirable qu'ils forment avec ces masses énormes de rochers, dont les cimes, chargées d'éternels frimats, se perdent dans les nues, ont fondé depuis long-temps la célébrité de ces isles, et justifié l'admiration des curieux.

L'Isle-Belle ( *Isola-Bella* ), étoit autrefois un rocher nud et stérile. Ce fut vers l'an 1670, que le comte *Vitaliono Borromeo*, conçut le projet d'y créer les jardins et les palais qui en font l'ornement.

L'Isle des Pêcheurs offre un aspect aussi misérable, que celui de l'Isle-Belle est magnifique. Elle compte 300 habitans : tous vivent de la pêche ; leurs habitations sont des cabanes accumulées les unes sur les autres, séparées par des rues étroites et sales, où l'on voit pour tout ornement des filets de pêcheurs.

Le Lac majeur ( appelé par les anciens *Verbanum* ), sépare la République Cisalpine des états de Piémont. Il s'étend du nord au sud dans une distance de 40 m. depuis *Locarno* , jusqu'à *Sesto*. Il a 10 m. dans sa plus grande largeur, prise de *Laveno* jusquà l'embouchure de la *Tosa*; sa largeur ordinaire est de 4 à 5 m.

Sa superficie près des isles Borromée, est de 122 toises au-dessus du niveau de la mer ; et sa profondeur de 100 toises ( d'après le ch. *Morozzo* , de l'académie de Turin ).

En remontant la rive occidentale du Lac , on remarque d'abord la ville *d'Arona* , et le colosse de St. Charles Borromée ; l'embouchure de la *Tosa*; le bourg de *Palanza* , riche entrepôt des grains qui passent de la Lombardie en Suisse ; *Intra* , où l'on compte un grand nombre de manufactures de toiles peintes, et de cristaux ; *Canobbio* , bourg très-peuplé, connu par son commerce de laines et de peaux de chevres. A deux mille de *Canobbio* commence le territoire du iv

ci-devant bailliage de *Locarno*, aujour-
d'hui réuni à la Cisalpine, ainsi que les
bailliages de *Lugano*, *Mendrisio*, etc.
C'est à un mille de *Locarno*, que le Tesin
se jette dans le Lac majeur.

La rive orientale s'étend d'abord depuis
*Magadina* jusqu'à *Luvino*, bourg très-
peuplé, remarquable par la fertilité de
son territoire et la beauté de sa situation.
C'est près de *Luvino* que la *Tresa*, émissaire du Lac de *Lugano* se jette dans le
Lac majeur. La *Tresa* séparoit autrefois
la Lombardie du bailliage de *Lugano*.

De *Luvino*, on descend à *Laveno*,
village situé au fonds d'une baie formée
par l'embouchure d'une petite riviere.

A 5 m. plus haut, le Lac majeur
reçoit l'émissaire du Lac de Varese : et
c'est près de *Sesto* que le Tesin reprend
son cours. Il roule des paillettes d'un or
très-fin qu'on recueille aux environs de
Pavie.

On trouve dans les montagnes qui environnent le Lac majeur et le Lac de
Côme, des mines de plomb, de cuivre,

d'argent, d'étain, des filons de charbon de terre, etc. des carrieres de marbre, de granite, et même d'albâtre. Il arrive souvent de rencontrer, dans les blocs de granite, de beaux morceaux de cristal de roche.

Le passage des marchandises du Levant en Allemagne, et des grains de la Lombardie en Suisse, et sur-tout la pêche, animent continuellement la navigation du Lac. Toutes les barques portent des voiles quarrées, ce qui les expose davantage aux coups de vents et rend leur manœuvre moins facile : il n'y a pas de doute que l'usage des voiles latines ou triangulaires ne rendroit la navigation moins dangereuse.

On pêche dans ce Lac, ainsi que dans celui de Côme, une grande quantité de poissons très-estimés, entr'autres *l'Agone*, qui ressemble à la *Sardine* pour la forme et le goût ; les Truites et les Anguilles y sont d'une grosseur extraordinaire ; j'en ai vu servir du poids de 30 livres.

Les pêcheurs font usage, entr'autres, de filets auxquels sont attachées de petites sonnettes, que le poisson, en se prenant à l'appât, fait mouvoir, et dont le son indique le moment où il est utile de les retirer.

# ENVOI

## A MA MEILLEURE AMIE.

Vous aimez les choses jolies ;
C'est naturel, en vérité :
Nous savons tous que la beauté
N'a que d'aimables fantaisies...
Ça, tréve de propos flatteurs :
Il s'agit d'un joli voyage
Dans des lieux vraiment enchanteurs,
Où tour à tour, tendre et volage,
L'amour enivre tous les cœurs ;
Où la folie et les douces erreurs
Captivent la raison du sage.
  Croyez-moi, tentez le passage ;
Sur ce beau lac embarquez-vous,
Sans crainte d'y faire naufrage.
En vain l'aquilon en courroux,
De tous côtés soufflant l'orage,
Vous offre l'aspect de la mort :
Bravant son impuissante rage,
Vous n'avez qu'à tourner la page,
Et vous vous trouverez au port.

Zeste..... sautez sur le rivage,
Parcourez ce charmant séjour ;
Voyez cette grotte magique ,
Qu'en folâtrant, jadis l'amour
A tapissé de mosaïque.
Admirez ces nombreux tableaux
Qu'ont créés d'illustres pinceaux.
Regardez ce marbre... il respire...
C'est Flore qui sourit en pensant au zéphyre ;
Sur ce lit, c'est Vénus dans l'amoureux délire.
Venez au bord de ce ruisseau :
Comme son onde est vive et pure !
Il coule à vos pieds .... il murmure :
Ah ! par pitié ne troublez pas son eau !...
Elle réfléchit votre image.
Entrez dans ce riant bocage :
L'air qu'on y respire est si doux !
Reposez-vous sous son ombrage.
Ah ! que n'y suis-je à vos genoux !
J'oublierois l'isle enchanteresse,
Palais, tableaux, grotte, déesse,
Pour ne voir et n'aimer que vous.

# VOYAGE
## AUX ISLES BORROMÉE,

## LA BONNE FERMIERE.

Onze heures sonnoient, lorsque M... et moi nous partîmes de Côme. Nous avions de bons chevaux. Or, vous noterez que mon cheval est une jument. — Qu'importe, dira quelque lecteur pressé ? — Moi je veux être exact : et puis c'est une bête si intéressante !.... Non je ne saurois aller plus avant, sans vous faire son portrait. Elle est grande, svelte, l'œil vif, l'oreille droite, la bouche tendre, le trot léger, capricieuse.. comme une belle....

Nous étions alors au pied du château Baravelt. (1) Le ciel nébuleux, l'horizon chargé de brouillards avant-coureurs de la pluie, l'aspect de ces tours guerrieres tombant en ruines, tristes exemples de la fragilité des hommes et de leurs ouvrages; l'aspect de ces montagnes escarpées et de leurs sommets arides, de ces montagnes jadis témoins de guerres sanglantes, tour à tour asiles de l'oppresseur et des opprimés, du crime ou de la vertu : tous ces objets et les sensations qu'ils nous firent éprouver, plongerent notre ame dans une mélancolie profonde.

Enveloppés dans nos manteaux, nous marchions en silence, livrés aux diverses réflexions que le tableau sans cesse varié de la nature, fait naître successivement dans l'esprit du voyageur, qui se plaît à l'observer dans tous ses aspects.

Nous suivions la route où, quinze jours auparavant, légérement vêtus, nous avions été assaillis par un ouragan furieux, accompagné de grêle et de pluie.

Voilà la ferme, où cette bonne vieille nous donna un asile contre l'orage : c'étoit de si bon cœur ! Cette brave femme avoit deux enfans au service; elle nous demanda si nos parens vivoient encore, et pleura de nous voir loin de nos familles. « O ma mere ! Vous avez sans doute aussi versé des larmes !.... Vous en versez encore sur l'absence de votre fils. Quand me sera-t-il permis de les essuyer ? » — Nous jetâmes un regard de reconnoissance sur cette ferme. Puisse la main de Dieu éloigner de son toit hospitalier la foudre, l'incendie et tous les fléaux de l'humanité!

Plus loin nous détournâmes les yeux. C'est là qu'un homme nous refusa l'hospitalité. Cette porte se ferma devant nos pas, lorsque le tonnerre grondoit sur nos têtes. C'est le séjour de l'égoïsme; il souilleroit nos regards : fuyons-le.

## LA CABANE.

DANS cette situation d'esprit, nous avions besoin d'une distraction puissante, qui changeât le cours de nos idées. Nous ne tardâmes pas à la trouver.

Nous approchions de *Lucina*, petit village d'ailleurs peu remarquable : une voiture cheminoit devant nous. Piqués par la curiosité, nous hâtons le pas. Aimable rencontre ! Cette voiture portoit deux femmes jeunes et jolies, et deux hommes qui ( si j'en juge d'après leur phisionomie ) n'apprécioient pas tout leur bonheur. Car c'en est un que d'être vis-à-vis d'une jolie femme : la vue d'un bel objet n'offre-t-elle pas une véritable jouissance ? L'amateur s'extasie devant un tableau de Rubens ou de Raphael. En est-il un plus touchant que le visage d'une femme jolie ? C'est le tableau vivant de tous les sentimens affectueux, et des passions les plus tendres. Oui, je le soutiens, une femme jolie répand autour d'elle un charme délicieux, une émotion douce, dont l'homme sensible ne peut d'abord se défendre.

Quel regret de n'être pas avec elles, s'écria mon ami ! Nous les escortâmes quelques minutes, et nous étions près d'entamer la conversation, lorsque leur voiture s'arrêta. Elles descendirent, bientôt nous ne les vîmes plus, et le charme disparut avec elles.

Abandonnés à nous-mêmes, nous continuons notre route, non sans quelque regret. Mais comme l'impression n'avoit pas eu le temps de laisser des traces profondes, ce regret ne pouvoit être de longue durée. Aussi je le sentois diminuer à chaque pas ; si bien, qu'à deux milles de Lucina, je n'y pensois déjà plus.

Nous nous trouvâmes bientôt en face du château de...... Sa position nous plut, et nous nous arrêtâmes un moment à le considérer. Bâti sur la hauteur, il domine une campagne riante. Sa façade embellie des ornemens de l'architecture et de la sculpture, les grilles qui en défendent l'entrée sans en dérober la vue, cette fontaine dont l'eau resserrée dans des canaux étroits s'échappe avec violence ; tout annonce le séjour de l'opulence.

Mais allons plus avant. Jetons les yeux au sein de cette vallée féconde, sur les bords de ce ruisseau, dont l'eau limpide serpente avec liberté. Cette humble cabane qu'on apperçoit à peine au milieu des mûriers et des vignes qui l'entourent ; je vous le demande, ô voyageurs sensibles ! Ne semble-t-elle pas l'asile de la tranquillité ? Et qu'est-ce que la tranquillité ? Le vrai bonheur du sage.

> Loin de moi l'opulence et son éclat trompeur,
> S'il faut, pour en jouir, renoncer au bonheur !

# LA VALLÉE.

Nous voilà descendus dans cette vallée riche et fertile. Nous suivons une route superbe sur les bords d'une petite riviere, qui nous conduit auprès d'un moulin. Sa situation est vraiment pittoresque. L'habitation du meûnier est simple, délicieuse. La maison est entourée de jardins, les jardins de prairies, les prairies sont peuplées de bestiaux, et le tout forme un tableau animé auquel les montagnes, qui l'environnent, servent de cadre. Ici tout parle à l'ame : l'aspect de ces tapis de verdure, le murmure de cette meule, que l'eau fait tourner, de cette eau qui tombe et fuit en bouillonnant; d'un côté, ces montagnes couvertes d'arbres, de l'autre, ces roches nues et stériles, qui semblent accuser la providence.....

Stériles !.... Non. Elles sont une source féconde où vient puiser le génie des arts. La main des hommes en tire ces blocs de marbre, avec lesquels l'architecture éleve des temples à l'Éternel, des monumens aux grands

hommes, des palais aux riches, et des asiles
aux malheureux; avec lesquels la sculpture re-
trace et consacre à la postérité les portraits
et les actions des hommes célebres. Son ciseau
créateur donne une vie nouvelle à ceux que
la mort a frappés, et assure au-delà du trépas
une existence aux sages, aux héros que le jour
éclaire encore.

# MA MANIERE DE VOYAGER.

Nous sommes à Malnate : le naturaliste observe avec plaisir la quantité, la variété et la grosseur des blocs de granite roulés et placés par couches à diverses hauteurs ; ce qui semble démontrer qu'ils y ont été portés par les eaux. Le voyageur curieux remarque la beauté de la route taillée dans le roc, au travers de la montagne. Le voyageur philosophe admire, dans cette œuvre pénible, le génie de l'homme qui, balançant, pour ainsi dire, le pouvoir du Créateur, applanit les montagnes, comble les vallées, détourne le cours des fleuves,

> Et d'un compas audacieux
> Mesure la terre et les cieux.

L'agriculteur..... — « Eh ! pour Dieu, quittons Malnate et doublons le pas. — Doucement, lecteur, prenez patience. Je vous tiens : et puisque vous voulez voyager avec moi, vous vous conformerez à mon allure. Votre fantaisie est d'aller droit devant vous, sans regarder ce qui se passe à vos côtés, et ce, afin d'arriver plus vîte ; la mienne est de regarder à droite, à gauche, d'observer tout ce qui m'entoure, de m'arrêter à ce qui me plaît et me réjouit : heureux si j'arrive lentement ! c'est une preuve que je m'amuse en route ; et je serois bien sot de ne pas saisir le plaisir lorsqu'il se présente.

Ma muse, par goût voyageuse,
De sa nature est curieuse,
D'humeur assez capricieuse,
Folle un jour, et l'autre rêveuse,
Tantôt triste, tantôt joyeuse,
Aujourd'hui colere et grondeuse,
Demain sensible et généreuse.
Les uns disent qu'elle est parleuse,
D'autres qu'elle est par fois menteuse !
Et quelquefois trop amoureuse ;
Ne la trouvez pas ennuyeuse,
Et je réponds qu'elle est heureuse.

# CECCHINA.

PAR exemple, me voilà sur un pont. — Eh bien ! traversez-le, me direz - vous. — Non, je m'y arrête. En effet, un homme qui voyage par curiosité a-t-il jamais traversé un fleuve, sans désirer de savoir son nom, sa source, son embouchure ? Pour moi, quoi qu'il arrive, je veux en être instruit.

« Holà oh, galant homme, un mot ? — Deux, s'il vous plaît. — Le nom de cette ri-viere ? — Olonna. — Vous accompagnez-là une jolie fille. — C'est notre enfant. — ( Notre en-fant ! *voilà parler en homme sage.* ) Elle porte de beaux œufs dans son panier. — Ce sont les œufs de nos poules — ( Je ne me suis jamais senti un plus grand désir de manger des œufs frais. ) Elle se nomme ? — Olonna, vous dis-je. — Je parle de votre fille. — Et moi de la ri-viere. — Mais le nom de votre fille ? — Cec-china. — C'est un joli nom, et celle qui le porte est plus jolie encore. — « Monsieur a trop de bonté », dit la fille en rougissant, et baissant les plus jolies paupieres.... — J'étois déconcerté, et je regardois machinalement le cours de la riviere.

« Où prend-elle sa source, dis-je au bon homme? — Ma fille? — Non, la riviere. — Près du mont *della Madona*, à 2 milles au-dessus de Varese. » — Et le papa me le montroit au doigt : et moi je ne regardois ni son doigt, ni le mont *della Madona*, ni la riviere, ni le panier, ni les œufs frais..... Il faisoit un peu de vent ; le mouchoir de Cecchina étoit négligemment attaché..... Et je regardois.... Cecchina avoit le visage bruni par le soleil : et je remarquois le plus piquant contraste.....

« Vous voyez, me dit le pere. — Parfaitement. — Oh ! ce mont est très-curieux ! — Admirable..... — Eh bien ! c'est de là qu'elle descend — Et où va-t-elle ? — D'abord à Milan. — A Milan ? bonne affaire. ( Je bâtissois déjà le plus charmant château en Espagne. ) — Et de Milan elle va se précipiter dans le Pô. — Dans le Pô, m'écriai-je, votre fille ?..... — Ma fille, y pensez-vous ? — Et qui donc ? — Eh ! mordieu, la riviere. — Mais je parle de votre fille. — Oh ! c'en est trop, me dit le vieil homme, allez à l'embouchure de cette riviere, si cela vous plaît, mais laissez ma fille en repos et moi aussi : bon voyage, monsieur le curieux. » A ces mots le bon homme partit avec la jeune fille : et moi, tout en riant du *qui-pro-quo*, je réjoignis mon ami qui, pendant ce dialogue, s'étoit arrêté sur le sommet du Belforte. Tandis qu'il considéroit le château que les comtes Litta font construire sur les ruines d'une antique forteresse..... moi je pensois à Cecchina, au panier, aux œufs frais, à ce mouchoir que le zéphyr faisoit voltiger..... Et j'y pensois encore lorsque nous entrâmes dans Varese.

Varese est grand, riche, peuplé, élégamment bâti. Nous le traversâmes et vînmes descendre à l'auberge de la poste, où nous fûmes parfaitement accueillis.

## MÉFIEZ-VOUS DE MARIA.

En levant le pied de l'étrier, je remarquai d'abord la maîtresse de l'auberge. C'est une femme de trente-six ans, grande, d'un bel embonpoint, la peau blanche, les yeux à fleur de tête ; une de ces phisionomies qui semblent vous dire : « Fiez-vous à moi. » Je l'avouerai, mon foible est de ne savoir répondre à ces sortes d'invitations, que par une aveugle confiance.

« Soyez les bien venus, nous dit la belle hô-
» tesse ; Antonio, mettez les chevaux de ces
» messieurs à l'écurie. — Ces messieurs sont
» fatigués. — Il fait si chaud. — Maria, con-
» duisez ces messieurs au premier, à la cham-
» bre du balcon. » Nous suivons Maria. C'est une jeune fille de dix-sept ans, d'une taille svelte, d'un embonpoint modeste ; les couleurs vives, le regard agaçant, les yeux..... Voyageurs, méfiez-vous de Maria. Elle est si complaisante, si douce, si facile ! Croyez-moi, méfiez-vous de Maria. Nous voilà dans la chambre du balcon ; un lit d'un côté, de l'autre une jeune fille, une table au milieu. Je regardois la table, puis le lit, puis la jeune fille.... J'étois

irrésolu.... J'entends mon ami se plaindre de la chaleur : voilà mon parti pris. « Maria, du vin frais et du meilleur ? » Maria descend. L'expérience et la réflexion m'ont toujours convaincu que, près du danger, rien n'étoit plus dangereux que l'irrésolution. Electrisé par la chaleur, si j'eusse, dans cette disposition, regardé Maria plus long-temps, je ne me serois plus senti le courage de lui rien ordonner. Plus elle seroit restée, plus ma force se seroit affoiblie..... et peut-être Maria seroit-elle devenue maîtresse..... pour peu d'instans sans doute ; mais qui sait combien de mois j'aurois eu à pleurer ces momens de foiblesse. Lecteurs, lecteurs, si vous mettez jamais le pied dans cette auberge, si jamais Maria vous accompagne dans la chambre du balcon, si vous la regardez et que votre sang circule avec une certaine chaleur, croyez-moi, demandez vîte du vin frais, du vin à la glace, mettez à profit le temps qu'elle emploiera à descendre à la cave et remonter ! Voyez alors Maria sous son véritable aspect. Son cœur n'est-il pas une espece d'auberge, ouverte à tous les voyageurs, où tous les postillons, muletiers et autres gens de cette classe sont mieux accueillis que leurs maîtres, parce qu'ils la fré-

quentent davantage, et y font plus de dépense ?
Et vous voudriez ?..... — « Pourquoi non ? Ne
sommes-nous pas égaux aux yeux de la nature
et de l'amour ? — De quel amour parlez-vous
là ? s'écrie un lecteur délicat. — Oubliez-vous
que nous sommes à l'auberge ? »

Maria remonte, pose sur la table un flacon de
vin et des verres. Maria n'étoit plus dangereuse.
En effet, dans ces sortes de rencontres, lorsqu'au
premier abord, le charme de la nouveauté n'ex-
cite pas en nous un certain degré de curiosité,
un désir de la satisfaire assez puissant pour l'em-
porter sur toutes les considérations du moment,
on doit se croire hors de danger. Mais ce n'est
pas ici le lieu de donner à ces idées toute leur
extension ; occupons-nous de vuider notre flacon ; et pendant que la belle hôtesse fera pré-
parer notre dîner, voyons ce que Varese renferme de plus curieux.

# CHAPITRE DES MADONES.

Nous allions à la villa Serbelloni (2). Ces messieurs veulent-ils voir la *Madona del Monte* ? nous dit un homme qui se présentoit pour nous servir de *Cicerone*. (3) — « Qu'est-ce que cette » *Madona* ? — *Cosa rara, maravigliosa.* — Qu'y » voit-on ? — Vous verrez d'abord quatorze cha-» pelles ornées de bas-reliefs, et de peintures de » la plus grande beauté et des meilleurs maîtres. » Vous verrez ensuite, sur la cime de la mon-» tagne, l'église du couvent, fameuse par son » architecture et ses peintures. De là vous dé-» couvrirez une partie de notre Lombardie, et » votre vue planera sur les lacs qui sont au pied » de ces montagnes. — Fort bien, dit M.... l'ar-» rêtant au milieu de ce bel enthousiasme ; mais » tout cela est-il près d'ici ? — A deux milles. — ». Nous n'irons pas. — Vous n'irez pas ? — » Très-décidé. Il nous faudroit au moins un jour » pour voir tout cela : et notre intention est de » nous promener une heure, de dîner et de » partir. — Sans voir la *Madona* ? — Oui mon » cher. — Des voyageurs de votre façon ?.... —

» Oui mon cher. — La plus célebre de toutes
» les Madones ? — Halte-là. J'ai vu la Madone
» de S. Luc, célebre par le long portique élevé
» par les Bolonnais pour la commodité des péle-
» rins : j'ai vu la Madone d'*Arezzo*, qui versa
» des pleurs lors du tremblement de terre de
» 1796 ; j'ai vu la Madone d'Ancône, qui pleura
» sur la révolution française ; j'ai vu la Madone
» de *Loreto*, la plus riche et la plus courtisée de
» toutes les Madones ; et je te prie de croire que
» les Madones de ce pays-là valent bien celle
» de ton pays, et que celui qui les a vues peut se
» dispenser de la voir. » — Le *Cicerone* levoit les
yeux au ciel et sembloit dire : « Bon Dieu,
» que ces Français parlent irrespectueusement de
» la *Madona del monte* ! »

# LE COMPTE.

JE vous ferai grace du récit de notre dîner : tout étoit bon, et la truite délicieuse ; mais ce que je ne puis vous taire, c'est que l'hôtesse nous fit un compte…. Ah ! bon Dieu, quel compte ! — Pauvres voyageurs, que vous êtes à plaindre lorsque vous avez à débattre un compte avec une aimable hôtesse ! Le moyen de refuser ce qu'une jolie main vous demande ! Le moyen de se quereller avec deux beaux yeux, et cela pour quelques misérables pieces d'argent ! — Nous étions résignés ; mais en sacrifiant l'intérêt, je voulus du moins sauver l'amour propre : il est fâcheux d'être pris pour dupe.

« Belle dame, lui dis-je, ce compte me semble exagéré. — Monsieur c'est au plus juste. — Je trouverois bien à rabattre quelque chose. — Je suis sûre que monsieur n'en fera rien ; monsieur ne voudroit pas que j'y mette du mien. — Pardonnez-moi, je ne demande pas mieux ( et je lui serrai la main ). — Monsieur aime à plaisanter. Je voulois dire à monsieur qu'il n'étoit pas dans son intention que j'aie l'honneur de le

servir sans en avoir le profit : monsieur est trop
généreux. .. » — Cette phrase étoit accompagnée
d'une voix si douce, d'un regard si flatteur !....
un cœur de fer n'eût pas résisté : je payai. —
« J'espere que j'aurai l'honneur de revoir ces
messieurs à leur retour. — Assurément. —
Je n'oublierai rien pour les contenter ; Fedele ?—
Madame. — Que faites vous ? — Rien. — Venez
vîte ? — Me voici. — Conduisez ces messieurs à
la porte de la ville. — J'y vais. — Et vous leur
indiquerez la route qui conduit à *Laveno*. —
Oui madame. — Bon voyage, messieurs. — »
Nous saluons la belle hôtesse et nous partons.

# UTILITÉ DES MOINES DÉMONTRÉE.

Il étoit cinq heures après midi : nous avions douze m. à faire. D'abord une route superbe, ensuite des rochers à gauche, en face un précipice, sur la droite deux routes, et deux moines assis sur un banc de pierre. Je fus touché de l'attention de la providence. Il me paroissoit évident qu'elle les avoit placés là tout exprès pour nous indiquer la route de *Laveno*. C'est ce qu'ils firent : et nous les en remerciâmes, et je ne doutai plus de l'utilité des moines en ce bas monde ; et je me promis bien , quoi qu'il puisse arriver, de ne plus accuser la providence ; persuadé qu'elle ne fait rien , ne permet rien sans motif, et qu'il n'y a rien d'inutile ici bas, puisque les moines y sont de quelque utilité.

# POSITION CRITIQUE.

Voyageant sur la cime des montagnes qui bordent le lac de Varese, nous jouissions d'une perspective charmante. Bientôt la nuit nous enveloppe de ses ombres. Il pleuvoit, le ciel étoit obscur, les chemins étroits, bordés d'arbres dont le feuillage répandoit par fois, autour de nous, des ténebres si épaisses, que nous ne voyions plus la tête de nos chevaux; je n'exagere pas. Il est très-vrai que nous nous parlions de temps en temps, pour nous convaincre que nous étions près l'un de l'autre; et, malgré cette précaution, nous nous trouvâmes séparés d'une maniere bizarre tout à la fois, et périlleuse pour mon ami.

Je suivois la route frayée par les voitures. Mon ami, sans s'en douter, suivoit un sentier tracé auprès de la grande route. Nous venions de nous parler, de nous toucher; et mutuellement rassurés, nous cheminions sans dire mot. Le silence duroit depuis deux minutes; l'obscurité devint si grande: « Je n'y vois rien, dis-je » à mon ami. — Ni moi non plus, me répond-il. » ( Sa voix sembloit tomber du ciel. ) — Où

» diable es-tu ? lui criai-je, en étendant la main
» sans rien rencontrer. — Je ne sais, et toi ? —
» Mais tu es bien haut ? — Et toi bien bas. »

Il y avoit, dans notre position, je ne sais
quoi d'extraordinaire.... Ajoutez à cela l'horreur
des ténebres.... Nous ne sommes certainement,
ni l'un ni l'autre, d'une complexion sujette à la
peur : je l'avouerai pourtant avec franchise,
nous n'étions pas exempts d'une certaine inquié-
tude... — « Le diable m'emporte, s'écria mon
» ami, si je sais où j'en suis. J'ai beau piquer
» mon cheval, il ne veut plus avancer. »

En effet je l'entendois souffler avec violence. —
« Il a peur sans doute, ne le force pas, retourne
plutôt en arriere. »

Le maître s'obstinoit, le cheval se défendoit;
inquiet, j'attendois le resultat de cette lutte,
lorsque, pour notre bonheur, il survint un éclair.
Qu'on se figure mon étonnement et ma frayeur,
quand j'apperçus M.... et son cheval, perchés
presqu'au dessus de ma tête, sur le flanc d'un
rocher coupé perpendiculairement; ayant à sa
droite la route à douze pieds de profondeur,
en face un précipice creusé par la chute d'un
torrent, présentement à sec, et dans un sentier
si étroit qu'il put à peine retourner son cheval.

## LA FORTUNE.

———

JE ne pensois, qu'en tremblant, à la position de mon ami. Cet effrayant tableau donna matiere à nos réflexions. J'admirois la sagacité de de ce cheval, qui sut s'arrêter au bord de l'abîme, tandis que son aveugle maître couroit s'y précipiter. O raison humaine ! combien le simple instinc des animaux t'est quelquefois préférable ! Nous en conclûmes que nous n'avions pas de meilleur parti à prendre, que de nous abandonner à la prudence de nos chevaux.

Ainsi donc, enveloppés dans nos manteaux, nous cheminions ; et chaque fois que le hazard nous offroit plusieurs routes, et qu'il nous étoit permis de les voir, choisissant aussitôt celle qui nous sembloit la véritable, nous poussions nos chevaux, en disant « *Au bonheur* ». La fortune n'a pas besoin d'y voir pour faire son chemin, car on la dit aveugle. Elle nous servit de guide dans ce labyrinthe obscur de routes, et nous conduisit à *Laveno*, où elle nous abandonna dans l'auberge de *l'étoile*.

# LE BEAU RÉVEIL.

Maudite étoile ! Lit, souper, nuit, tout se ressentit de sa sinistre influence. Assiégé par une foule de petits ennemis, tous avides de mon sang, je combattis long-temps ; la fatigue amena le sommeil ; je fermai l'œil quelques instans.

Cependant l'aurore pénetre dans notre chambre à travers les volets mal fermés : je me leve, j'ouvre la fenêtre.... Quel spectacle enchanteur ! Je vois ce beau lac ; mes yeux, qui ne peuvent soutenir le premier éclat du jour, se reposent sur ses eaux limpides, et y rencontrent l'azur des cieux. Un beaume divin n'eût pas produit un effet plus salutaire. Les souffrances de la nuit sont oubliées. Nos yeux émerveillés se promenent tantôt sur le lac, tantôt sur ses rivages. Ils bondissent, pour ainsi dire, de montagne en montagne.

Nous demandons une barque : elle nous attend sur le rivage ; des provisions pour la journée : on les porte dans la barque. Nous y montons nous-mêmes.

I

# ISLES BORROMÉE.

Dieux puissans, qui veillez sur ces charmans rivages,
Loin de deux vrais amis écartez les dangers ;
Faites taire les vents, enchaînez les orages,
Que l'onde soit tranquille, et le ciel sans nuages !
Et vous, amans des fleurs, venez zéphyrs légers,
Guidez-nous au travers de ces liquides plaines ;
Venez, je m'abandonne à vos douces haleines.

Nous partons, et le ciel et l'onde et les zéphyrs,
Tout semble s'accorder au gré de nos désirs.
Nos rameurs à l'envi signalent leur adresse.
Sur l'humide élément qu'il fend avec vitesse,
A peine le canot trace un foible sillon,
Et déjà *Laveno* se perd dans l'horizon.
Nous voguons, entourés des scênes les plus belles ;
Chaque instant à nos yeux en offre de nouvelles.
L'horizon, ce tableau des volages humeurs
D'un sexe, né pour plaire et pour changer sans cesse,
Nous charme en variant ses aspects enchanteurs :
Il fuit et se rapproche, il s'éleve et s'abaisse.
O rameurs, suspendez vos élans vigoureux !
Laissez-moi contempler ce tableau merveilleux ;
Le contraste frappant des saisons et des sites ;

Ces énormes rochers de marbre, de granites ;

Ces côteaux cultivés, ces rivages rians,

Où regnent à la fois l'automne et le printemps ;

Et ce sommet sauvage, asile d'un hermite,

Et ces monts toujours blancs que l'hiver seul habite ;

Le Semplon au couchant, au nord le Saint-Gothard (4),

Qui bornent l'horizon et glacent mon regard.

J'admire, en frémissant, ce spectacle sublime,

Et ces rocs entassés, et leur superbe cime.

Mon novice crayon les esquisse en tremblant :

Que leur aspect est beau ! Sans doute un dieu puissant

A formé de ces monts l'indissoluble chaîne,

A creusé ce bassin pour recevoir les eaux,

Et les distribuer dans les nombreux canaux

Qui, du peuple Lombard, vont arroser la plaine.

Ainsi tous les effets, l'un à l'autre enchaînés,

Sont vers un même but constamment entraînés :

Tout pour notre bonheur ici bas se dispose.

J'admire un si bel ordre ; et mon œil se repose

Sur ce lac enchanteur, sur ses bords fortunés,

Où, pour les doux plaisirs, les mortels semblent nés.

L'homme, au sein des remparts posés par la nature,

Sous un ciel sans nuage, au bord d'une onde pure,

Paroît inaccessible aux sombres passions.

Le calme de ces lieux, leur douce solitude,

De la paix dans son cœur entretient l'habitude.

La discorde civile, et les proscriptions,

La guerre et ses fléaux, désolateurs du monde,

N'y viennent point troubler sa retraite profonde.

Heureux, si je pouvois dans ce charmant séjour,
Guidé par l'amitié, retenu par l'amour,
Tendre consolateur d'une mere chérie,
Libre des maux affreux dont gémit ma patrie,
Ainsi qu'au siecle d'or, dans le sein des plaisirs,
Suivre l'aimable cours d'une paisible vie !
Doux songes, vains projets ! inutiles désirs !

Le destin n'est point las d'éprouver mon courage ;
J'attendrai ses décrets sans redouter ses coups ;
Mon cœur, du bien d'autrui, ne sera pas jaloux :
Je ne me plaindrai point. La vie est un voyage,
Le mal est passager, le bonheur imparfait ;
Et je veux, puisqu'il faut poursuivre le trajet,
Cueillir, tout en courant, des fleurs sur mon passage.

Vers ces doubles sommets que le Tesein (5) partage,
*Arona* (6) voit fleurir le commerce et la paix.
D'illustres monumens retracent les bienfaits
Du Saint, qui dans ses murs jadis a pris naissance :
Au sage Borromée elle doit sa puissance.
Dans ces lieux dont il fut et le prince et le pere,
Moins grand que ses vertus, son colosse (7) fameux
Semble encor commander au lac qui le vénere.

Mais qu'entends-je ? Quels sont ces chants religieux ?
Vers ces monts escarpés, un peuple curieux,
L'œil baissé vers la terre, avec ordre s'avance.
Ses cantiques, de Dieu célebrent la puissance :
A leurs yeux, disent-ils, il s'est manifesté.
Un miracle !.... Approchons (8). Le roc précipité,
Du saint lieu, dans sa chute, entrainoit la ruine :

Il semble suspendu par une main divine.

On s'écrie au miracle : et le peuple hébeté,

Déplorable jouet de sa crédulité,

Embrasse avec ferveur cette absurde chronique.

Viens détromper leurs cœurs, auguste Vérité !

Et, réprimant l'excès d'un zele fanatique,

A leurs yeux décillés fais briller ta clarté.

   Cependant nos rameurs redoublent de courage :

Déjà nous découvrons le cap de Palanza,

Et le golfe baigné des eaux de la Toza (9).

Soudain le vent du nord souffle sur nous l'orage :

Il souleve les flots ; et le Lac furieux,

Au lieu des doux aspects qu'il offroit à nos yeux,

Nous présente par-tout les dangers du naufrage.

Dans l'abime profond tantôt précipité,

Et tantôt vers le ciel par la vague emporté,

Voguant au gré des vents qui l'agitent sans cesse,

Le canot tour à tour ou s'éleve ou s'abaisse.

Sages dans le danger, nos braves matelots

Cedent avec adresse à la fureur des flots.

L'œil ferme et le front calme au sein de la tourmente,

Nous observons tous deux leur manœuvre savante.

Mon intrépide ami, la bouteille à la main,

En l'honneur de Bacchus chante un joyeux refrain ;

En vain le Lac mugit, en vain l'aquilon gronde,

Rameurs et passagers tous boivent à la ronde.

Ce trait hardi, d'Éole a lassé le courroux :

Il rappelle les vents déchaînés contre nous ;

De son ordre étonnés, à regret ils se taisent ;

L'horizon s'éclaircit et les vagues s'appaisent.

La chaloupe, voguant avec légéreté,

De cette isle célebre, où tout tient du prodige,

Découvre à nos regards le rivage enchanté.

Est-ce une vérité ? N'est-ce qu'un vain prestige ?

Pour enchaîner Renaud dans les bras de l'Amour,

Pour amollir son cœur endurci par les armes,

Sans doute de son art épuisant tous les charmes,

L'enchanteresse Armide a créé ce séjour.

    Prête-moi tes accens, muse aimable et facile,

Qui jadis inspiras l'harmonieux Delille,

Lorsque , semant des fleurs sur ses tableaux divins,

Dans des vers pleins de charme il chanta les jardins.

Colore les dessins, dont ma plume novice

S'efforce de tracer une légere esquisse :

Peins ces coteaux fleuris et ces heureux vallons,

Que Bacchus et Cérès ont couvert de leurs dons.

Peins, dans un vers hardi, la cime suspendue

De ce roc escarpé qui se perd dans la nue ;

Et le riant aspect d'un beau lac, d'un ciel pur

Dans un riche horizon confondant leur azur ;

Et l'agile vaisseau, dont la voile tendue,

Plus rapide en son cours que le vol des oiseaux,

Rase légérement la surface des eaux,

Glisse, fuit et se perd dans la vaste étendue.

Peins l'*Isola-Madre* (10) sans art et sans parure,

Son désordre charmant, sa sauvage beauté,

Ses jardins embellis par la simple nature,

Son ombrage, du temps et du fer respecté.

Mais avec quel éclat s'éleve sa rivale !
Dis les nombreux trésors qu'avec pompe elle étale :
Ses parterres fleuris, l'un sur l'autre élevés,
Dessinés avec art, avec soin cultivés ;
Les tours qu'on voit se perdre au milieu des ombrages,
Les marbres animés qui peuplent ses boccages ;
Les berceaux de cédrats et d'orangers en fleurs.,
Qui parfument les airs des plus douces odeurs ;
Et cette grotte sombre, où l'onde vive et pure
S'élance en écumant, tombe, fuit et murmure ;
Et l'orgueilleux laurier, dont l'ombrage éternel (*)
Brave en tout temps l'orage et ne craint point le ciel ;
Offrant, aux malheureux que poursuit sa colere,
Un asile toujours respecté du tonnerre.

Quelle est la main hardie et le génie heureux
Qui, métamorphosant l'aspect de ce rivage,
Sut changer en palais ce roc jadis sauvage (11),
Et faire un lieu charmant d'un écueil dangereux ?
Nourri dans les secrets de Flore et de Pomone,
Dans son isle magique il rassemble à son gré,
En dépit des frimats dont il est entouré,
Et les fleurs du printemps et les fruits de l'automne.
Vainement la Discorde, agitant ses flambeaux,
Accable l'univers du poids de ses fléaux :
Dans l'oubli des combats, sur cette heureuse plage,
De la douce union il conserve l'image.
Des droits de la nature heureux usurpateur,

______________

(*) Les lauriers de l'*Isle-Belle* sont d'une hauteur pro-
digieuse.

Dispensant avec art sa chaleur bienfaitrice;
Des richesses du monde il présente l'esquisse.
Il offre, à l'œil charmé du sage observateur,
Les fruits que voit mûrir l'Europe et l'Amérique;
Et la fleur indigene, et la plante exotique;
Rapproché par ses soins, le paisible olivier
Enlace ses rameaux aux feuilles du palmier.
L'un, du guerrier vainqueur est le noble apanage;
L'autre, cher à nos vœux, de la paix est le gage.
Ici croit le café; là l'oranger fleurit.
En voyant l'ananas, l'Américain sourit,
Verse une douce larme..... Il pense à sa patrie.
Un moment oubliant l'Europe et l'Italie,
Aux rives du Mexique il se croit transporté;
Et cette illusion, dont son cœur est flatté,
D'un instant de bonheur vient d'embellir sa vie.
    Mais quel est cet aspect dont la sombre couleur
Attriste de ces lieux les riantes images ?
Je vois des malheureux errer sur ces rivages.
Près du palais, je vois l'humble toit du pêcheur.
Dans ces sallons dorés, c'est l'homme et l'opulence;
Dans cet asile obscur, c'est l'homme et l'indigence.
Ces marbres dont l'éclat éblouit les regards,
Ces superbes plafonds, anoblis par les arts,
Presqu'au niveau des cieux élevoient ma pensée;
Je vois l'homme, courbé sous le poids des travaux,
Sa femme, ses enfans couverts de vils lambeaux,
La douleur sur leur front profondément tracée,
La gaité de leurs yeux à jamais effacée;

Je retrouve la terre et ressens tous ses maux :
Cette vaine grandeur soudain s'est éclipsée.
Je pleure sur le sort de ces infortunés,
Parmi tant de trésors, aux besoins condamnés.
En vain, dans ce séjour, l'art autour d'eux étale
Les dons de la nature et ses riches faveurs :
Hélas ! ils n'ont jamais connu que ses rigueurs !
Ils souffrent, innocens, tous les maux de Tantale :
Le bien n'offre à leurs yeux ses charmes séduisans,
Que pour les consumer en désirs impuissans.

# LE CHEVALIER TEMPESTA.

NOTRE barque touchoit à peine le rivage de l'*Isle-Belle*, qu'une foule d'enfans vint nous présenter des assiettes, couvertes des fruits de la saison. Nous débarquons au pied de l'escalier qui conduit au palais. Le concierge nous introduit. Nous parcourons d'abord un grand nombre d'appartemens, curieux par la richesse et plus encore par l'antiquité de leurs meubles. Ensuite nous voyons le sallon et la chapelle domestique, peints d'après les dessins du chevalier *Zanoja*; et les galeries de tableaux qui fixerent davantage notre attention. On y remarque plusieurs tableaux des meilleurs maîtres, et particuliérement ceux de *Luc-Jordan*, et du chevalier *Tempesta*, connu par son talent et plus encore par l'action atroce que la passion lui fit commettre. Il tua sa femme pour en épouser une plus belle, dont il étoit devenu éperdûment amoureux; et pour se soustraire au juste châtiment qui le menaçoit, il s'enfuit et vint se réfugier dans l'*Isola-Bella*. Il avoit du talent pour peindre le paysage : il le cultiva dans son exil, et embellit ce séjour d'un grand nombre de ses ouvrages. Je les regardois; et venant à réfléchir, que le pinceau qui traça ces charmantes perspectives, avoit été conduit par une main homicide, je détournois les yeux et soupirois : je croyois voir des taches de sang sur tous ces tableaux. Etonnante contradiction ! Comment cette main féroce, qui ne craignit pas d'outrager la nature, a-t-elle si bien réussi à peindre sa grace et ses beautés ?

Mais fuyons ces sinistres idées. Ce séjour riant invite à la gaîté : oublions qu'il fut l'asile du crime, et pensons qu'il fut sans doute plus d'une fois le théâtre de l'amour et de la volupté. Où suis-je ! mes yeux émerveillés ne savent à quel objet s'arrêter. Cette grotte enchantée est sans doute la demeure de la divinité tutélaire du lac. C'est ici qu'elle vient chercher le repos et la fraîcheur. De tous les côtés la vue s'étend sur son empire. Sont-ce (12) des marbres inanimés, ou des nymphes que j'apperçois ? Elles semblent respirer. Que de graces, que de beautés ! Ma main les touche, et se persuade avec peine que ce sont des statues. O Pigmalion, que j'ambitionne dans ce moment le ravissement que tu éprouvas près de ta Galathée, lorsque tu la sentis s'animer sous tes doigts !

# LE BOUQUET.

Nous n'avions pas fait quatre pas dans le jardin, que la jardiniere vint nous offrir des bouquets : offertes de la main d'une belle, des fleurs peuvent avoir du prix; mais la jardiniere étoit si laide !.. Nous acceptâmes cependant ses fleurs. Il est si dur de se voir refuser ! Elle n'eût pas manqué d'en pénétrer le motif : nous voulûmes lui en sauver la honte. C'est un acte de compassion dont on doit nous savoir gré. Mais voyez.... une bonne action n'est jamais sans récompense.

Mon ami demande au concierge la monnoie d'un *Philippe* (*). Le concierge avoit une femme et de plus une fille..... une fille de 18 ans, grande, bien faite, les cheveux noirs, la poitrine blanche, les joues roses et d'une fraîcheur !... les yeux bleus et d'une douceur !... Je venois de la fixer un moment, et reportant mes regards sur les fleurs que je tenois à la main : « Ah ! m'écriai-je, ce n'est que pour en faire hommage à la beauté, qu'un galant homme doit accepter des fleurs ! » Et je les offris à la jeune fille; et

______

(*) Piece de 7 l. 10 s. de Milan.

la jeune fille de rougir, et mes fleurs de perdre leur éclat. Elle les accepta pourtant. Ah ! si elle eût voulu accepter tout ce que je désirois lui offrir !....

O vous, que la curiosité seule attire dans cette isle enchantée, êtres froids qui fermez vos cœurs aux tendres sensations, et qui décorez votre insensibilité du beau nom de philosophie, détournez vos regards en passant devant la porte du concierge, ou craignez de perdre votre triste sagesse !

Il n'y avoit qu'une minute que nous avions découvert ce trésor, plus précieux à nos yeux que l'isle et tout ce qu'elle renferme ; il nous fallut penser à nous en séparer. Le cher papa, qui s'étoit sans doute apperçu de l'impression, et qui ne se soucioit pas qu'elle devînt plus profonde, nous conduisit fort poliment jusqu'au rivage. La jeune fille étoit sur la porte. Je me retournois à chaque pas de son côté. J'étois dans la barque et je la regardois encore. Mais les rameurs trop empressés, à mon gré, me la firent bientôt perdre de vue.

Les charmantes perspectives de l'Isle - Belle furent remplacées par l'aspect affligeant de l'Isle des pêcheurs. Figurez-vous sur un rocher aride, un amas de misérables cabanes, où trois cents malheureux trouvent à peine un abri contre l'intempérie des saisons.... Mais non; détournons nos regards du tableau de la misere, et portons-les sur des objets plus rians.

# LE CAFÉ.

J'AI souvent remarqué que trop de précipitation gâte tout ; c'est un axiôme applicable aux plaisirs, comme aux affaires :

Dans tout ce que tu fais hâte-toi lentement.

Pour faire un voyage de curiosité, avec tout l'agrément qu'on s'est promis d'avance, il faut y mettre le temps nécessaire ; il faut d'abord modérer cette avidité qui, voulant embrasser tous les objets à la fois, empêche d'en distinguer un seul. Il faut ne voir qu'une chose, mais la bien voir ; se reposer ensuite, et jouir en y pensant du plaisir de l'avoir vue. J'insiste sur ce moment de repos, sans lequel l'admiration devient trop pénible et finit par fatiguer.

Ces réflexions et notre dîner nous conduisirent jusqu'à Palanza, où nous abordâmes tout à point pour prendre le café. Il n'y en avoit pas de préparé : il fallut l'attendre ; ce qui nous donna le temps d'observer la maîtresse du café. Elle étoit petite, encore jeune ; elle avoit les yeux bleus, la peau blanche, un peu de rouge, et au pardessus un chapeau de paille, avec un ruban bleu noué sous le col : et le comptoir cachant le reste de l'ajustement, cet ensemble lui donnoit, au premier coup d'œil, je ne sais quel éclat qui en imposoit. Vue de plus près, elle gagnoit, du côté de la familiarité, ce qu'elle perdoit du côté de l'admiration : C'est ce que j'éprouvai.

Tandis que mon ami parloit avec un abbé du pays, qui lui apprenoit que Palanza est sous la dépendance du roi de Sardaigne; que ce bourg est riche, peuplé, florissant par son commerce et l'entrepôt des grains qui alimentent la Suisse; tandis que ce digne prêtre, faisant remonter l'origine de son pays jusqu'à l'antiquité la plus reculée, se battoit les flancs pour convaincre mon ami que ce bourg avoit été fondé par Pallante le Troyen, dont parle Homere, et non par Pallas le favori de l'Empereur Claude, comme l'ont prétendu quelques historiens.... Tandis que mon ami bâilloit en l'écoutant, ou plutôt en ne l'écoutant pas.... je me glissai, sans mot dire, dans une arriere salle, où la belle préparoit le café. Elle souffloit le feu; je voulois l'aider, et je m'appuyai sur ses genoux : elle avoit la cuisse ferme, et l'on pouvoit s'y

appuyer

appuyer en toute sûreté. Elle mit la main sur la mienne et je la baisai. Elle se mit à sourire, sa bouche étoit entr'ouverte, et j'y pris un baiser; puis elle fit quelque résistance , son fichu s'entr'ouvrit, et je pris un autre baiser....

De baiser en baiser, je ne sais ma foi où je serois arrivé , sans la maudite cafetiere qui bouilloit trop fort et se mit à fuir. Il fallut la retirer du feu; ( car les femmes ont l'œil à tout) et dans ce mouvement, je perdis tout le terrein que j'avois gagné. C'est ainsi que, par des contre-temps imprévus, on a vu plus d'un habile général perdre, en un instant, le fruit d'une campagne heureuse. —— La belle Piémontaise avoit rajusté son fichu. Elle reparoît au comptoir, la cafetiere à la main. Je la suivois;... j'étois plus embarassé qu'elle. Elle versa le café: il fallut le boire, et puis payer, et puis partir.

Ainsi va le monde. Un objet est remplacé par un autre; et souvent à peine ce dernier fixe-t-il notre attention, qu'on ne pense déjà plus au premier; tant l'esprit de l'homme est mobile , ainsi que tout ce qui l'entoure ! Nous n'étions par arrivés à la hauteur de la petite Isle de Saint-Jean, que la Piémontaise étoit oubliée.

# L'ISLE DE St-JEAN.

CET Islet, tout voisin de Palanza, ne fut pas toujours inhabité, si l'on en croit la chronique du pays.

Un homme un jour s'écria : je suis sage,

Je veux, exempt d'ambition,
Au sein de cette isle sauvage,
Fixer mon habitation.
C'en est fait : je renonce au monde,
A ses brillantes vanités :
Il n'est, sur la machine ronde,
Que sottise et frivolités.
Sans retour je renonce aux hommes,
A leur folie, à leurs erreurs :
Hélas ! dans le siecle où nous sommes,
Ils sont tous ingrats ou trompeurs.
Je renonce au sexe volage
Dont j'ai trop chéri les attraits :
Grace à lui, j'ai vu mon jeune âge
S'écouler au sein des regrets.
Amour, fortune ! à tous vos traits
Je suis désormais insensible :
Dans ma solitude paisible
Je ne veux vivre qu'avec moi.
Ma volonté sera ma loi ;
La paix sera mon apanage.
Adieu pour toujours. --- Aussitôt

Il s'élance sur le canot
Qui l'attendoit près du rivage.
L'amitié fit un vain effort
Pour le retenir au passage ;
Il fut bientôt à l'autre bord.

Notre sage avoit lu l'histoire.
Il revint lors à sa mémoire
Que ce Cortés , ( dont la postérité
Eût aimé l'audace intrépide ,
Si de richesses moins avide ,
Plus ami de l'humanité ,
Ce conquérant de l'Amérique
Eût moissonné dans le Mexique
Un laurier moins ensanglanté ; )
Que Cortés , voyant son armée
Près d'abandonner ses drapeaux ,
Osa brûler tous ses vaisseaux.
Par ce trait sublime enflammée ,
Du besoin de vaincre animée ,
Terrible elle court aux combats.
Fier du nombre de ses soldats,
Montesume en vain le menace ;
Cortés , pour prix de son audace ,
Voit dans ses fers le plus puissant des rois,
Et le Mexique obéir à ses lois.

Le sage dit : D'un héros que j'admire
J'imiterai le noble dévouement,
De peur qu'un moment de délire

Ne me ramene un jour au continent.
De deux cailloux frappés adroitement
　　Le feu déjà brille, étincelle,
En un instant embrâse la nacelle,
Et la consume. Ainsi que Robinson,
　　Le voilà donc roi dans son isle.
Mais plus heureux, il trouve pour asile
　　Petite et gentille maison,
　　Potager riant et fertile,
Réunissant l'agréable et l'utile.


　　« La seule médiocrité,
Offre, dit-il, les vrais biens de la vie,
　　La paix de l'ame et la santé.
　　Dans cette retraite chérie,
　　A l'abri de la calomnie,
　　Loin des méchans et des jaloux,
　　Loin des poètes et des fous,
　　Des médecins, des empiriques,
　　Et des feuilles périodiques,
　　Des éternelles nouveautés,
　　Et des infideles beautés,
　　Dans un doux repos je vais vivre.
　　La nature sera le livre
　　Où j'étudierai le bonheur. »


Parlant ainsi, le sage observateur
　　Du ciel, où planoit sa pensée,
Jette un regard sur la rive opposée.
　　Quel prestige enchante ses yeux!

Des dieux l'aimable messagere
Iris, de son arc radieux
A-t-elle émerveillé la terre ?
Est-ce l'aurore au teint vermeil
Annonçant le réveil du monde ?
Est-ce Vénus éclipsant le soleil ?
Est-ce Phébus sortant du sein de l'onde ?
Est-ce l'aspect d'un rocher sourcilleux
Perçant la nüe et menaçant les cieux ?
Non, c'est celui d'une jeune bergere,
Au gent minois, à la taille légére.
Adieu sermens, adieu sage projet
De fuir l'amour ! A ses douces amorces
Rien ne résiste, et d'une aimable objet
L'aspect divin a sur nous plus de forces
Que la raison. L'insulaire charmé,
De vifs désirs sent son cœur enflammé.
D'un œil brûlant il la suit : il l'appelle....
    Mais, sourde à sa voix, la cruelle
Sourit et ne lui répond pas.
Il voudroit voler sur ses pas :
Mais comment tenter le passage ?....
Amour l'aide : il fait un radeau.

    Avec un si frêle équipage,
    Ce n'étoit pas d'un homme sage
    D'oser s'aventurer sur l'eau.

Qu'arrive-t-il ? le radeau fait naufrage :
    Voilà l'insulaire à la nage,

Implorant le secours des dieux,

Et se débattant, de son mieux,

Pour gagner le prochain rivage.

Il eut péri, si de son sort touché,

Un jeune pâtre, adroit, plein de courage

Ne l'eût au trépas arraché.

Ce pâtre étoit l'amant fidele,

L'amant aimé de cette belle

Dont les appas ont enivré le cœur

Du philosophe, et causé son malheur.

Le berger vole aux pieds de son amante

Qui le reçoit, encor toute tremblante

Du danger qu'il vient de courir :

Deux baisers sont le prix de son courage ;

Baisers charmans et faits pour aguerrir !

L'insulaire sur le rivage

Transi, confus, remercioit les dieux

Et le berger, et son bras vigoureux,

Lorgnant du coin d'une vive prunelle

Sa belle amie, et ses divins attraits.

Il s'écrioit, soupirant de regrets,

« Ah ! que ne puis-je avoir un baiser d'elle ! »

Mais une voix lui crie au fond du cœur :

« Quoi ! tu veux à ton bienfaiteur

Ravir une amante chérie !

Et tu troublerois son bonheur

Pour le payer d'avoir sauvé ta vie !

Sois sot, philosophe, amoureux,

Mais ingrat ? non : ce vice est trop affreux. »

Notre héros retourne à son village :

Abjurant son humeur sauvage,

Plus tolérant, il vécut plus heureux ;

Bien convaincu que l'homme, vraiment sage,

Doit prendre le temps comme il vient,

Souffrir le mal, jouir du bien,

Et ne jamais jurer de rien ;

Puisqu'il est vrai que l'humaine sagesse

De sa nature est sujette à foiblesse.

# LE PROMPT RETOUR.

La beauté du lac, l'élévation majestueuse des montagnes commandoient notre admiration. Notre imagination prenoit l'essor le plus sublime. Mais ô fatalité attachée au genre humain, et qui prouve sa foiblesse et sa vanité ! des plus hautes spéculations nous descendîmes tout-à-coup aux plus basses. L'argent, ce métal si vil aux yeux du philosophe dans l'opulence, si précieux aux yeux de l'homme dans la détresse, l'argent devint à son tour l'objet de nos réflexions; et alors ce charme, que la beauté de la nature répandoit autour de nous, cette douce illusion dont elle berçoit notre esprit et flattoit nos regards, s'évanouit soudain ; et nous vîmes très - clairement la situation de notre bourse.

Tout bien calculé, il nous restoit à peine de quoi payer la barque et la dépense de l'auberge. — « Quel parti prendre ? — Monter à cheval et retourner à Côme. — Mais vous n'avez pas vu le lac de Lugano (13), disoit la curiosité ? — On ne voyage pas sans argent. — Mais

( disoit à voix basse la peur sous le masque de la prudence ) il est déjà trois heures après midi; vous avez 28 milles à faire, les chemins sont difficiles, vos chevaux fatigués, vous marcherez de nuit, vous pouvez vous égarer..... faire une mauvaise rencontre. — Halte-là, repliqua la résolution d'une voix assurée, trêve de conseils ! il n'y a point d'argent, il faut partir. »

Nous débarquons, nous courons à l'auberge. On selle nos chevaux; nous payons l'hôte, les rameurs, et nous voilà partis avec 40 sous dans notre bourse. C'étoit de quoi rafraîchir nos chevaux à Varese; et nous étions encore heureux de les avoir : car l'argent n'a vraiment de prix qu'en raison des besoins.

# LE BON ACCUEIL.

Nous arrivons de nuit à Varese, et nous descendons à l'auberge de la poste, où nous sommes aussi bien reçus que la veille. La belle hôtesse, l'obligeante Maria, le cuisinier, le valet d'écurie, tous nous offroient leurs services. Le cuisinier s'avance, porte la main à son bonnet, et s'inclinant à demi : — « Qu'ordonnent ces mes-
» sieurs pour leur souper ?— Rien, répond mon
» ami en soupirant. — Rien, reprit le cuisinier
» portant un pied en arriere, ces messieurs ne
» soupent pas ? — Non, nous n'avons plus d'ap-
» pétit. — ( Il mentoit doublement , car nous
» avions une faim d'enragé ) — Ces messieurs
» veulent se reposer, dit la maîtresse avec un
» air d'intérêt ? — Un moment. — Maria, vîte
» une lumiere ; conduisez ces messieurs à la cham-
» bre du balcon, et mettez des draps blancs aux
» lits. — Madame, j'y cours. — Les draps ne sont
» pas nécessaires, dis-je à l'hôtesse, nous partons
» dans une demi-heure. — Ces messieurs ne cou-
» chent pas ? — Non, une affaire pressante, in-
» dispensable….( M…. avoit la main sur sa

» bourse ). — Mais il est bien tard.... la nuit
» est noire... vous vous exposez. — Nous ne
» craignons rien. — Les routes sont si dangereuses
» à présent. — Nous sommes armés. » — A ce mot
l'hôtesse, Maria , le cuisinier, le garçon d'écurie, tous nous regarderent avec un air de compassion, qui me fit regretter de n'avoir pas un
écu dans ma poche, pour passer la nuit dans
une auberge, où l'on prenoit tant d'intérêt à
nous.

# LA FATALITÉ.

ON conduit nos chevaux à l'écurie. Nous les suivons ; et tels sont les caprices du sort, que, si un homme se trouve dans une mauvaise chance, il doit s'attendre à voir pleuvoir sur lui une nuée d'incidens fâcheux. En vain il iroit au bout du monde, son mauvais génie s'attache à ses pas, et il est malheureux jusques dans ses moindres démarches.

Je n'allois qu'à l'écurie : une lampe, suspendue au milieu de la voute, étoit l'astre unique qui répandoit de la clarté dans ce lieu. Ce soir-là le garçon d'écurie avoit suspendu cette lampe fatale, justement à la hauteur de mon front, si bien qu'en passant je la heurte, et voilà l'huile répandue sur la manche de mon habit. Au même instant, la plus énergique de toutes les exclamations usitées dans la langue française, sort de ma bouche.... Le valet d'écurie trembloit. Mais j'aurois juré cent fois plus fort, que cela n'eût point effacé la tache. Je pris donc patience.

A mon exclamation, l'hôtesse accourt ; elle voit ma disgrace, se recrie sur l'énormité de la tache, s'offre de la faire disparoître, et m'aide à quitter mon habit. L'air étoit froid ; je me réfugie dans la cuisine, et me voilà en chemise, près d'un feu très-ardent, me rôtissant d'un côté, me morfondant de l'autre, exposé aux regards de tous les arrivans, qui ne manquoient pas de remarquer ma position et d'y sourire malignement. En effet, ce n'étoit pas une chose médiocrement plaisante que de me voir pirouetter devant la cheminée, présentant successivement à la chaleur la figure, puis les épaules, puis le flanc. Mon ami, qui plaignoit sincérement ma détresse, ne pouvoit s'empêcher de rire ; et je crois que j'en eusse ri moi-même, si j'avois eu la bourse mieux garnie. Il y avoit déjà un quart d'heure que j'étois en veste, et mon habit ne revenoit pas. J'envoie Maria demander de ses nouvelles. Elle m'apprend que sa maîtresse l'avoit donné à un tailleur très-habile. — « Un tailleur, m'écriai-je ! --- Qui le paiera, me dit mon ami à l'oreille ? ( Dans ce moment je pensai à la providence ) Et pourquoi, lui répondis-je tout en pirouettant, pourquoi ne permettroit-elle pas qu'il y eût dans ce monde un tailleur, capable de se payer du plaisir d'obliger un voyageur dans la disgrace ! »

# L'HONNÊTE TAILLEUR.

Au même instant notre homme arrive, portant d'un air de triomphe l'habit si désiré. Je l'endosse d'abord : il m'aide de la maniere la plus officieuse ; puis, après deux respectueuses salutations , il me fait observer que la tache étoit disparue. Moi, je lui rends salut pour salut, et lui prodigue force complimens. — « Oh ! » c'est un habile homme, disoit l'hôtesse ! — Un » homme d'un talent précieux, ajoutai-je — Mon- » sieur a trop de bontés. — Non, je suis juste. — Je » suis satisfait que monsieur soit content.... » continua-t-il en levant son chapeau pour la 4.ᵉ fois, et présentant la main... — Le geste étoit ignoble et ne pouvoit nous convenir. Je tentai de lui inspirer des manieres plus généreuses. Je lui pris la main et la serrant affectueusement : » Vraiment, lui dis-je, vous m'avez rendu un » signalé service. — Monsieur .... — Un ser- » vice essentiel. — C'est une bagatelle, — Dont » je sens tout le prix. — Monsieur... — J'espere... » — C'est trop... — Vous prouver... — C'est » trop peu... — Ma reconnoissance. — C'est » peu de chose. — Dites-moi comment je puis

» m'acquitter. — Ce que monsieur voudra. —
» Croyez que je saisirai … — Monsieur… —
» toutes les occasions de vous être utile. — Oh !
» monsieur… certainement… » — La parole
lui manqua. Chacun a sa portion d'amour-
propre : je l'avois traité si noblement ! Le moyen
qu'il pût se ravaler à demander ou recevoir le
modique salaire qui pouvoit lui revenir. « Monsieur est trop honnête … » dit-il en levant son
chapeau pour la cinquieme fois, et il se retira.
Le pauvre homme ! il avoit bien raison ; j'étois
trop honnête ; mais je ne pouvois l'être moins.
« Dieu soit loué ! ( s'écria mon ami, quand
l'honnête tailleur fut parti ) il nous restera de
quoi nous rafraîchir avant de quitter Varese. »

# UN MOMENT DE FOIBLESSE.

ON donne l'avoine à nos chevaux. Tandis qu'ils achevoient leur souper frugal, nous montons au premier, pour nous reposer un moment. Notre porte étoit entr'ouverte, ainsi que celle de la chambre voisine. Nous entendons des voix de femme. Aussitôt mon ami est sur pied. Le jarret tendu, l'oreille attentive, il écoute... Qu'a-t-il compris ? qu'elles sont jeunes, discrétement jolies, et de cette classe de femmes de l'accueil... le plus facile : mon ami se mordoit les doigts. — « Faut-il que pareille rencon- » tre nous arrive, lorsque notre bourse est à » sec ! — Vraiment, lui répondis-je, c'est une » attention de la providence, dont nous devons » lui savoir gré. Elle nous a mis dans l'impos- » sibilité de faire la plus grande des sottises; » celle de placer notre argent et notre santé à » fonds perdus. Puisse-t-elle en agir toujours » de même à notre égard ! — Tu as raison, » me dit-il; mais sans courir des chances si ha- » sardeuses, nous aurions pu les inviter à sou- » per, et rire quelques heures avec elles. »

L'idée

L'idée étoit séduisante, et j'avoue que, comptant trop d'abord sur une prudence qui accompagne rarement la jeunesse en pareil cas, je me laissai persuader. « Cela seroit charmant, m'é-
» criai-je ! — Rien de plus facile, ajouta mon
» ami ; il me vient une idée lumineuse et qui
» leve toute difficulté. Commandons un bon
» souper, invitons nos voisines ; et morbleu,
» vive la joie... Demain à notre réveil, l'un
» de nous deux partira pour Côme ; aussitôt
» arrivé, il expédiera André ( c'est le nom de
» notre valet de chambre ) avec l'argent né-
» cessaire. — *Bravissimo* ! m'écriai-je, c'est une
» affaire conclue, et je me charge de l'em-
» bassade ! »

# LE REPENTIR.

J'ÉTOIS déjà sur le seuil de la porte, déjà j'avois un pied dans la chambre, lorsque tout-à-coup mille souvenirs de la fragilité humaine, les dangers de succomber en pareille occurrence, mille conséquences funestes s'offrent en foule à ma pensée. La raison m'éclaire; je frémis... je recule... en deux sauts je suis au bas de l'escalier, en quatre, je suis à l'écurie. Nos chevaux étoient sellés, j'appelle mon ami; il résiste : je l'entraîne, et nous partons.

La belle hôtesse vit avec regret notre départ précipité, — Bon voyage, nous dit-elle d'un ton qui nous pénétra. --- Bon voyage, répéterent la jeune Maria, le cuisinier, le valet d'écurie. Ces adieux étoient prononcés avec l'accent de l'intérêt : j'y répondis avec sensibilité.

Il étoit deux heures après minuit, quand nous arrivâmes à Côme.

# NOTICE

## SUR LA VILLE ET LE LAC DE COME.

JE ne saurois mieux terminer mon petit voyage au Lac Majeur, que par une notice sur le Lac de Côme, peu distant du premier, dont les anciens n'ont pas moins apprécié les beautés que les modernes, et où j'ai moi-même fait quelque séjour.

La ville de Côme est située à l'extrémité sud-ouest du Lac, auquel elle donne son nom ; vers le 45.ᵉ degré 46 m. de latitude, et le 26.ᵉ degré 43 m. de longitude. Elle s'étend en demi-cercle sur les bords du Lac, ayant à sa droite le faubourg Saint-Augustin, bâti au pied du mont *S. Donato* célebre par une grotte où les Pélerins se rendent en foule ; et à sa gauche, le faubourg *Vico*, qui se prolonge sur la route de la Suisse.

On remarque au faubourg de *Vico* le palais *Odescalchi*, dont les curieux admirent sur-tout le sallon : la maison *Villani*, dont la façade, du côté du Lac, est imitée de celle de l'hôtel de Salm à Paris, dont les appartemens sont meublés avec autant de goût que de simplicité, et où le général Bonaparte et son épouse séjournèrent, lors de leur voyage sur le Lac de Côme, etc.

Les montagnes qui dominent la ville de Côme, du sud-est au sud-ouest, sont très-élevées. On en tire une grande quantité d'Alun, sur-tout aux environs du château *Baravelt*. Ce château, qui domine la ville et lui servoit autrefois de défense, est l'ouvrage de *Liutprando*, roi des Lombards.

La ville est entourée de vieux fossés et de vieilles murailles. On n'y trouve de remarquable que la cathédrale, dont l'architecture est d'une noble simplicité; le jardin botanique de D. *Galeazzo-Fumagalli*, et le petit cabinet d'histoire naturelle du chanoine *Gattoni*, savant aussi modeste que distingué, à qui l'on doit l'invention de l'harmonique météorologique: c'est une espece de harpe gigantesque, composée de quatorze fils de fer, tendus du haut de sa maison à une tour qui en est voisine, qui rendent des sons spontanés. Les physiciens ne savent si l'on doit attribuer cet effet à l'électricité, ou au changement de la temèrature.

Le Lac de Côme, ( appelé par les anciens *Larium* ) s'étend depuis l'embouchure de *l'Adda* jusqu'à *Bellaggio*, en face de *Tremezzino*, où il se divise en deux bras, dont l'un va aboutir à *Como*, et l'autre à *Lecco*, où *l'Adda* reprend son cours.

Sa longueur est d'environ 5o m.; sa plus grande largeur est de 6 m.; elle est communément de 3 à 4 m. Il a 780 pieds au-dessus du niveau de la mer; et le mont *Legnone*, qui s'éleve vers l'embouchure de *l Adda*, a 7,716 pieds au-dessus du niveau du Lac.

Il court entre une double chaîne de montagnes de la plus haute élévation. Les sommets sont généralement nuds, stériles, et peuplés d'ours, de loups, de marmottes, de lievres blancs, etc. L'aigle habite les cimes les plus élevées.

Les marbres conquillifers et les coquillages de toute espece et de toute grandeur qu'on y trouve en abondance, semblent prouver que la mer couvroit autrefois ce pays.

La pente des montagnes qui entourent le Lac, est ombragée d'immenses et antiques fô-

rêts de châtaigniers, de mûriers, d'oliviers, etc.
On y trouve en quantité des Coqs de
Bruyere et des Faisans.

On tire des monts Comasques une grande
quantité de Truffes, fort estimées, mais infé-
rieures pour le goût à celles du Périgord.

Les collines qui en forment la base, présen-
tent l'aspect le plus riant. Les villages et les
châteaux épars dans les vallées et sur les coteaux, offrent de tous côtés des paysages enchanteurs. Entr'autres lieux dignes d'attirer l'attention des curieux, on distingue la *Perlasca*,
la *Pliniana*, la *Tremezzina*, etc.

*Perlasca*, est à 4 milles de Côme, sur la rive
droite du Lac. Là, au pied de montagnes escarpées, s'éleve la *Villa-Tanzi*, chef-d'œuvre
de goût, d'élégance et de difficultés vaincues,
qui fut trop peu de temps la retraite d'une
femme célebre par sa beauté, ses talens et ses
vertus; lieu charmant, où l'art empruntant
toutes les graces de la nature, créa des jardins
délicieux, sur des rochers devenus accessibles,
et dont la température est si douce que les
plantes exotiques y viennent avec le plus grand
succès.

A 3 milles plus au nord, est la *Pliniana*,

lieu fréquenté des savans et des curieux qui vont y admirer cette fontaine célebre, depuis plus de 2,000 ans, par son flux et reflux, et surnommée la fontaine de Pline, parce que Pline le jeune en a donné une description dans la lettre suivante adressée à Licinius, gravée en latin et en italien, dans un vestibule, près du réservoir.

« Je vous ai rapporté de mon pays pour
» présent, de quoi exercer cette vaste érudition
» à qui rien n'échappe. Une fontaine prend sa
» source dans une montagne, coule entre des
» rochers, passe dans une petite salle à manger,
» faite auprès ; s'arrête quelque temps, & enfin
» tombe dans le lac de Côme. Ce qui rend cette
» fontaine merveilleuse, c'est qu'elle a un flux &
» un reflux, qu'elle hausse & baisse réglément
» trois fois le jour. Ce jeu de la nature est sen-
» sible aux yeux, et on ne le peut voir sans un
» extrême plaisir. Vous pouvez vous asseoir sur
» les bords de cette fontaine, y manger, boire
» même de son eau; car elle est très-fraîche : et
» vous voyez cependant ou qu'elle monte peu
» à peu, ou qu'insensiblement elle se retire. Vous
» mettez un anneau, ou ce qu'il vous plaît, en
» un endroit de son lit qui est à sec : l'eau qui

» revient peu à peu gagne l'anneau, le mouille,
» & le couvre tout-à-fait. Quelques momens
» après, l'eau qui baisse peu à peu, découvre
» l'anneau, et à la fin l'abandonne. Si vous ob-
» servez long-temps ces mouvemens divers,
» vous verrez la même chose arriver jusqu'à
» deux & trois fois par jour. Quelque vent
» renfermé dans le sein de la terre, ouvriroit-il
» quelquefois la source de cette fontaine, selon
» que ce vent ou revient plutôt, ou quil a été
» plus avant poussé ? A peu-près comme il ar-
» rive dans une bouteille, dont l'ouverture est
» un peu étroite. Quoique vous la renverfiez,
» l'eau qui en sort ne coule pas également : mais
» comme si l'air, qui fait effort pour entrer, la
» retenoit, elle ne tombe que par de fréquens
» é'ans, qui ne ressemblent pas mal à des san-
» glots. La même cause qui fait croître & dé-
» croître la mer si réguliérement, feroit-elle le
» mouvement réglé de cette fontaine ? Ne se-
» roit-ce point aussi, que comme les fleuves em-
» portés par leur pente vers la mer, sont for-
» cés quelquefois de remonter, par des vents
» ou par un reflux qui s'opposent à leur cours :
» de même il se rencontre quelqu'obstacle in-
» terne, qui successivement arrête, et renvoie

» l'eau de cette fontaine : n'y auroit-il point
» plutôt une certaine capacité dans les veines
» qui fournissent cette eau, et qui fait que
» lorsqu'elles se sont épuisées, et qu'elles en
» rassemblent de nouvelles, la fontaine qui
» n'en reçoit plus, diminue & coule plus lente-
» ment ? Qu'au contraire elle augmente, et
» coule plus vîte, dès que ces mêmes veines
» remplies renvoient la nouvelle eau qu'elles ont
» ramassées. Enfin se feroit-il quelque balance-
» ment secret dans le lieu qui renferme ces eaux,
» en sorte que lorsqu'il est moins rempli, il en
» fasse un épanchement plus libre ; et qu'au con-
» traire, lorsqu'il est plus plein, il le fasse plus
» difficilement, et par bouillons ? C'est à vous
» à découvrir, et à nous apprendre les vérita-
» bles causes de ce prodige. Qui le pourroit
» mieux ? Pour moi je suis content, si je vous
» ai bien exposé le fait. Adieu. »

( *Lettre XXX du 4.e ch. des Lettres de Pline,*
*traduites par M. de Sacy.* )

En remontant vers le nord, à la hauteur de
*Bellaggio*, lieu où se fait la division du Lac
en deux branches, on découvre sur la rive
occidentale, le beau pays de la *Tremezzina*,
qui tient son nom de *Tremezzo*, village em-

belli par une foule de maisons et de jardins charmans ; entr'autres, la *Villa Clerici*, et la *Quiete* délices du duc de Serbelloni. Ce pays, dont on vante la douce température, s'étend depuis le promontoire de *Campi*, jusqu'au bourg de la *Cadenabbia*. C'est le séjour le plus agréable de la Lombardie pendant l'hiver. Le climat en est aussi doux que celui des rivages Liguriens. La terre est couverte d'oliviers, de citronniers, de cédrats et de toutes les productions des climats chauds.

Sur la rive opposée, en remontant le Lac, est situé *Bellano*. C'est là qu'on voit la cascade de *l'Orrido* : on appelle ainsi la chute du torrent de la *Pioverna*, dont les eaux tombent, avec un bruit épouvantable, de 200 pieds de hauteur perpendiculaire, sur le milieu d'un rocher qu'elles ont miné avec le temps, et au travers duquel elles se sont creusé un passage, par où elles se jettent dans le Lac. Le mugissement affreux de l'onde, son écume, ses brouillards et l'obscurité, ajoutent à l'horreur de ce lieu. On traverse ce fleuve sur un pont étroit, suspendu et soutenu par une chaîne ; et au moyen d'une échelle taillée grossiérement dans le roc, on monte à un balcon, d'où on voit la profonde cavité où ses eaux se précipitent.

Les habitans des montagnes qui entourent le Lac, forment l'un des peuples les plus industrieux et les plus voyageurs de l'Europe. Ils fabriquent une grande quantité de barometres, thermometres, lunettes, et autres instrumens de physique ou d'optique, qu'ils vont colporter eux-mêmes dans toutes les contrées de l'Europe. Ils emploient le produit de leur commerce à fertiliser leur patrimoine. Pendant leurs fréquentes absences, leurs femmes, d'une complexion forte et laborieuse, vaquent aux travaux champêtres. Dans les montagnes qui avoisinent le bourg de *Gravedona*, les femmes portent un habillement semblable à l'habit des Capucins.

Lorsque le ciel est serein, le Lac est assujetti à des vents réguliers : le vent du nord, ( dit *Il Tivano* ) souffle depuis le moment où le jour finit, jusqu'au lever du soleil : le Lac reste calme jusqu'à midi ; c'est alors que s'éleve le vent du s.-o. ( dit *La Breva.* ) Mais les changemens de temps, tels que l'orage, la grêle, etc., dérangent cet ordre, et amenent souvent des coups de vent très-violens, et d'autant plus dangereux que les barques de ce Lac, ayant trop peu de fond en raison de la hauteur de leurs voiles quarrées, sont plus faciles à submerger. Il seroit utile que l'on s'occupât de leur donner une construction moins vicieuse.

La pêche y est très-abondante. On y trouve les mêmes poissons qu'au Lac Majeur. *L'Agone* du Lac de Côme est un mets très-recherché.

On chasse beaucoup aux environs du Lac : la chasse aux cailles est la plus agréable et la plus fréquente. Elle se fait avec des filets d'une grandeur extraordinaire ; et on en prend d'un seul coup de 200 à 300 à la fois.

Le plus grand commerce du Lac consiste en bois, en poissons, et transport des marchandises qui passent de la Lombardie en Valteline.

Le Lac est sujet à des crües d'eau extraordinaires, sur-tout dans le bras qui aboutit à Côme : ce qui provient évidemment de ce que le vent du nord fait refluer les eaux de l'Adda vers Côme, et sur-tout de ce que cette partie du Lac n'a point d'émissaire.

*L'Adda*, le seul fleuve qui porte ses eaux au Lac de Côme, prend sa source au mont *Adula* ou *Adua*, baigne les murs de *Bormio*, célèbre par ses bains d'eaux chaudes et sulphureuses ; passe près de *Sondrio* capitale de la Valteline, et se jette dans le Lac à deux m. de *Colico*, à peu de distance du mont *Legnone*. Il traverse le Lac dans toute son étendue, d'abord du nord au sud jusqu'à la hauteur de *Bellaggio*, où il se divise en deux bras; et ensuite, du n.-o. au s.-e. jusqu'à *Lecco* (14), où il reprend son cours. Il traverse les petits Lacs *d'Olginate*, de *Brevio*, descend jusqu'au bourg de *Trezzo*; ( près du quel commence le canal de la *Martesane*, dit *Il Naviglio Piccolo*, creusé en 1457 par les ordres de François I.er duc de Sforce; au moyen de ce canal, la navigation du Lac de Côme s'étend jusqu'à Milan. ) de *Trezzo* il passe à la *Canonica*, puis à *Cassano*, connu par son pont fortifié; à *Pizzighitone* petite place forte, où il reçoit les eaux du *Serio*; à Lody, célèbre par l'une des brillantes journées de Bonaparte, *le passage du pont de Lody*; enfin il se précipite dans le Pô, près de Crémone remarquable par une tour très-élevée, ouvrage des Romains, et par les défaites trop célebres du Maréchal de Villeroi, et du général Scherer.

FIN DE LA SECONDE ET DERNIERE PARTIE.

# NOTES.

(1) Le château de Baravelt est une vieille tour quarrée, bâtie sur la cime d'une montagne qui s'éleve en pain de sucre, domine la ville, et est dominée par les montagnes voisines. Avant l'invention de l'artillerie, c'étoit une citadelle formidable. Aujourd'hui ce sont de vieilles murailles que le temps détruit chaque jour, et dont l'accès n'est dangereux qu'aux curieux et aux Botanistes. La tour est construite sur un terrain voûté, et n'a point d'entrée apparente. On y pénétroit par des souterrains qui servoient de cazernes à la garnison, et qui sont comblés en partie par les éboulemens.

(2) La *Villa-Serbelloni*: la façade du palais est belle; les appartemens sont vastes, démeublés ou mal meublés, (comme presque tous les palais d'Italie.) On y voit des galeries de tableaux généralement médiocres, et un sallon immense, peint en Camayeux et d'un assez bel effet. Ce palais fut bâti par les ducs de Modene.

Le jardin mérite d'être vu: on y remarque le dessin des terrasses, qui s'élevent d'étage en étage, par des pentes si bien ménagées, qu'on y peut monter en voiture. De leur sommet, on découvre trois Lacs; celui de Varese, celui de Ternate, et le Lac Majeur.

(3) On appelle en Italie *Cicerone*, un homme qui fait métier de conduire les voyageurs dans les lieux remarquables, et de leur en indiquer les curiosités.

(4) Le Semplon, est une montagne du Piémont; le Saint-Gothard est une montagne de la Suisse, par lequel une partie de l'armée française descendit en Italie dans la campagne de l'an 8.

(5) Le Tesein tire sa source du mont Saint-Gothard, se jette dans le Lac Majeur qu'il traverse dans toute son étendue, du nord au sud, reprend son cours au-dessous de *Sesto*, et se jette dans le Pô, près de Pavie.

(6) *Arona* : petite ville sur le Lac Majeur, avec un château fort. Les comtes Borromés en sont seigneurs ; et le gouverneur du roi de Piémont prête serment de fidélité entre ses mains.

(7) Ce colosse fut élevé par les habitans d'*Arona* en 1697, en l'honneur de St. Charles Borromée, archevêque de Milan, cardinal et ministre, né dans cette ville l'an 1538.

Il a 112 pieds de haut, compris le piedestal qui en a 40 ; la tête, les mains et les pieds sont de bronze. L'intérieur est soutenu par des barres de fer, à l'aide desquelles on monte jusques dans la tête, où quatre hommes peuvent aisément s'asseoir autour d'une table à jouer : un homme d'une stature ordinaire peut s'asseoir dans son nez.

(8) Une masse énorme de rocher, précipitée sur l'église du village de Sainte-Catherine, semble rester suspendue, contre les lois de la gravité, au-dessus de la châsse où l'on conserve les reliques d'un Saint. Avec un peu d'attention, on voit ce qui lui sert d'appui. On a crié au miracle ; les Pélerins sont venus en foule : on dit que le curé et ses neveux, profitant de leur crédulité, ont plus d'une fois employé la main d'un maçon discret, de peur que, celle de Dieu ne se retirant tout à coup, le rocher ne tombe, et le miracle avec lui : ce qui porteroit un grand préjudice aux revenus de la cure.

(9) La Tosa descend du Semplon, se jette dans le Lac au fond du Golfe, où sont situées les isles Borromée. Elle forme près de sa source une cascade de 50 toises de hauteur perpendiculaire.

(10) L'Isle-Mere, présente au sud-est, des jardins à espalier et des bosquets ; au nord-est une forêt de cyprès et de lauriers, peuplée d'un grand nombre de faisans. Cette isle ne renferme d'habitans que ceux qui sont chargés de la garde du château et de la culture des jardins.

(11) L'Isle-Belle : *Era questa isola in origine un nudo scoglio di scisto con ocra di ferro ( viaggio ai tre laghi. )*

Voy. les pag. ij de l'avant - propos, 31 , 32, 34 de la 2.e partie.

(12) Les souterrains forment un appartement en mosaïque vraiment délicieux. On l'appelle l'appartement d'été. On y admire de belles copies de chef-d'œuvres antiques, telles que la Vénus au lit, la Flore, l'Hermaphrodite, et un buste d'Achille très-estimé.

(13) *Lugano*, ( Luganum ) ci-devant capitale d'un bailliage considérable de ce nom, conquis par les Suisses sur les ducs de Milan, aujourd'hui réuni à la république Cisalpine. Elle est sur le Lac de Lugano, à 6 lieues nord - ouest de Côme; à 26 degrés 28 min. de long. 45 degrés 48 min. de lat.

(14) *Lecco*, petite ville importante par sa position à l'embouchure du Lac de *Côme* et par son pont sur *l'Adda*.

---

## E R R A T A
### *Pour la premiere Partie.*

**Page 22**, ligne 18 : *quelques soient*, lisez *quels que soient.*

**Pag.** 35, lig. 2 : *daus*, lisez *dans.*

**Pag.** 43, lig. 11 : *tansports*, lisez *transports.*

**Pag.** 48, lig. 2 : *naturellemet*, lisez *naturellement.*

**Pag.** 57, ligne 21 : *trouverez, point*; placez la virgule après *point.*

### *Pour la seconde partie.*

**Page** 30, lig. 17 : *couvert*, lisez *couverts.*